8
전쟁과 지혜의 신, 아테나

주니어RHK

신화의 가치

신화는 한 민족의 기원이나 역사적 · 종교적 · 문화적 삶의 모습을 보여 주는 옛이야기입니다. 주로 신과 영웅에 관한 이야기가 많고, 오랫동안 입에서 입으로 전해 내려왔다는 특징이 있지요.

우리가 살펴볼 그리스 로마 신화는 고대 그리스와 로마에 전해 오는 신화와 전설을 한데 묶은 것입니다. 그리스 로마 신화는 고대의 삶을 엿보게 해 주는 문화유산일 뿐만 아니라, 세계 여러 나라의 문학과 미술에 큰 영향을 끼쳤습니다. 하지만 문화적 가치만큼이나 중요한 것이 또 있습니다. 오래된 옛이야기이면서도 거기에 담긴 교훈적 가치가 오늘날에도 여전히 쓸모 있고 중요하다는 사실입니다.

놀랍지 않나요? 수천 년 전의 이야기가 어떻게 과학 문명이 고도로 발달한 오늘날에도 통하는 것일까요? 그것은 바로 그리스 로마 신화에 나오는 신과 영웅의 모습이 오늘날 우리의 모습과 다르지 않기 때문입니다. 신들도 우리처럼 분노하고, 질투하고, 실수를 하지요. 그런 모습을 보면서 우리는 깔깔 웃거나 눈물을 흘리고, 교훈과 감동을 얻습니다. 우리가 그리스 로마 신화를 읽어야 하는 까닭이 바로 이것입니다.

신화의 세계로 떠날 여러분에게 한마디 덧붙이자면, 신화는 우리에게 끝없는 상상력을 요구한다는 점입니다. 신화 속에는 수많은 은유와 상징이 곳곳에 널려 있지요. 따라서 신화를 읽을 때에는 상상력을 최대한 발휘하여 신화 속에 숨겨진 의미를 찾고, 그것을 자기 나름대로 재해석하는 과정이 필요합니다. 이렇게 읽었을 때에야 비로소 여러분 앞에 놀라운 삶의 이야기가 펼쳐질 것입니다.

자, 그럼 흥미진진한 신화의 세계 속으로 함께 떠나 볼까요?

제우스의 머리에서 다 자란 모습으로 무장을 한 여신이 태어납니다.
언제나 당당하고 지혜로운 여신, 전쟁의 신이지만 정의로운 전쟁에만 나서는
그 여신의 이름은 바로 아테나!
아테나는 난폭하기로 소문난 아레스와 바다의 신 포세이돈과 대결을 벌이게 됩니다.
과연 아테나는 승리를 거둘 수 있을까요?

주요 등장인물

⚜ 제우스 ⚜

올림포스 신들의 왕으로 하늘과 벼락의 신이에요. 아테나를 사랑해서 아테나가 원하는 마을을 그녀에게 주고 싶어 하지만, 공정하게 신들의 뜻에 따라 대결을 하게 해요.

⚜ 아테나 ⚜

제우스의 딸로, 전쟁과 지혜의 여신이에요. 의롭고 정의로운 전쟁을 도와주며, 항상 투구를 쓰고 창을 들고 다녀요. 제우스의 명령으로 아레스를 혼내 주고, 포세이돈과의 대결에서 승리해 아테나이의 수호신이 돼요.

⚜ 아레스 ⚜

제우스와 헤라 사이의 아들이에요. 아테나와 마찬가지로 전쟁의 신이지만, 아테나와는 반대로 피를 부르는 잔혹한 전쟁을 좋아해요. 아테나와 바위 던지기를 해서 지지만, 그 뒤로도 계속 시비를 걸어요.

⚜ 포세이돈 ⚜

바다의 신으로, 제우스와는 형제 사이예요. 제우스가 티탄족과 싸울 때 그를 도와 싸움을 승리로 이끌어요. 작은 마을을 두고 아테나와 대결을 벌이지만, 지고 말아요.

1
아테나의 탄생

헤파이스토스가 제우스의 머리를 열자,

그 속에서 오색 빛을 가르며

투구를 쓰고 창과 방패를 든 여신이 튀어나왔습니다.

어느 날, 하늘의 신 우라노스와 대지의 여신 가이아가 제우스에게 예언을 했습니다.

"당신은 당신의 아들에게 왕위를 빼앗길 것이오."

"뭐라고요? 정말입니까? 하지만 그건 절대 있을 수 없는 일입니다!"

제우스는 거세게 항의했지만 올림포스 신들의 왕인 제우스조차도 예언은 되돌릴 수 없었습니다. 제우스는 이 예언 때문에 마음이 영 *찜찜했습니다.

***찜찜하다** 마음에 걸려 언짢은 느낌이 있다.

혹시나 정말로 자기 자식에게 왕위를 빼앗길까 두려웠기 때문입니다. 그래서 제우스는 아예 아이가 태어나지 못하도록 임신을 하고 있던 아내 메티스를 집어삼켜 버렸습니다.

제우스는 메티스를 삼켰으니 그 예언은 실현될 수 없을 것이라고 생각하며 안심했습니다. 그런데 달이 차고 메티스가 아이를 낳을 때 즈음이 되자, 갑자기 제우스의 머리가 깨질 듯이 아파왔습니다.

"헤파이스토스! 헤파이스토스! 머리가 너무 아파! 어서 내 머리를 열어 줘!"

제우스는 머리를 감싸 쥐고 소리를 지르며 괴로워했습니다. 급하게 달려온 헤파이스토스는 연장으로 제우스의 머리를 열었습니다.

"오, 제우스 님 머리에서 오색 빛이 뿜어져 나오고 있어!"

헤파이스토스가 제우스의 머리를 열자, 그 속에서 *오색 빛을 가르며 투구를 쓰고 창과 방패를 든 여신이 튀어나왔습니다.

"맙소사! 제우스 님의 머리에서 *완전 무장을 한 여신이 태어나다니!"

올림포스에서 이 모습을 지켜보던 다른 신들은 모두 깜짝 놀랐습니다.

하늘을 향해 태어난 그녀의 이름은 '하늘의 여왕'이라는 뜻에서 '아테나'라고 불리게 되었습니다. 올림포스의 신들은 하늘의 여왕이 탄생한 것을 기뻐하며 환영했습니다.

*오색 여러 가지 빛깔.

*완전 무장 전투에 필요한 갖가지 개인 장비를 완전히 갖추는 일.

지혜를 상징하는 머리를 뚫고 태어난 아테나는 지혜의 여신이 되었습니다. 아테나는 사려 깊고 지혜로운 메티스의 딸답게 매우 지혜로웠습니다. 눈에서는 총명한 기운이 흘러넘쳤으며 언제나 진지하고 신중했습니다.

아테나는 아들로 태어나지 않았기 때문에 예언자의 말대로 제우스의 왕위를 빼앗는 일은 일어나지 않았습니다. 자식이 태어나는 것을 원치 않았던 제우스도 아름답고 총명한 딸을 얻은 것이 매우 기뻤습니다.

아테나는 제우스가 가장 예뻐하는 딸이 되었습니다. 제우스는 아테나를 가장 *신임하여 제우스의 방패, 허리띠, 번개를 나르게 했습니다.

*신임 믿고 일을 맡김. 또는 그 믿음.

2
아레스와의 대결

"하나, 둘, 셋!"

아레스와 아테나는 동시에 바위를 향해 달려들었습니다.

싸움과 전쟁으로 몸이 단련된 아레스는

재빨리 바위를 들어 올렸습니다.

그런데 그 순간 어디선가 요란한 소리와 함께 바위가 날아왔습니다.

아테나는 지혜의 신이지만, 태어날 때부터 창과 투구, 방패를 갖추고 태어난 전쟁의 신이기도 했습니다. 번쩍이는 투구를 쓰고 날카로운 창과 강력한 방패를 든 아테나의 모습을 보면 누구나 두려움에 떨었습니다.

하지만 아테나가 돕는 전쟁은 피로 물드는 폭력적인 전쟁이 아니라 평화를 위해 싸우는 정의로운 전쟁이었습니다. 아테나는 폭력적이고 *야만적인 전쟁을 좋아하지 않았습니다.

"나는 전쟁의 신이지만 폭력적인 전쟁이 일어나는 것을 원치 않아. 나의 힘은 오로지 평화를 지키는 데에만 쓰겠어."

아테나는 자신의 무기를 바라보며 다짐했습니다.

*야만적 교양이 없고 무례한. 또는 그런 것.

지혜와 전쟁의 여신, 아테나

〈팔라스 아테나〉 구스타프 클림트

황금빛 투구를 쓰고 갑옷을 입은 당당한 아테나의 모습이에요. 입을 꼭 다문 채 정면을 똑바로 바라보는 표정이 무척 근엄해 보여요. 아테나는 괴물 고르곤의 목이 한가운데에 달린 방패 아이기스를 지니고 다녔어요. 누구든 그 방패에 있는 고르곤의 얼굴을 보게 되면 그 자리에서 돌이 되고 말았대요. 아테나는 이렇게 전쟁의 여신으로서 막강한 힘을 지녔을 뿐만 아니라, 재주가 많아 전차나 무기를 발명하기도 하고, 실을 뽑는 방적 기술이나 갖가지 수공업에도 뛰어난 능력을 발휘했어요.

그런데 올림포스에는 아테나 말고 또 한 명의 전쟁의 신이 있었습니다. 바로 제우스와 헤라 사이에서 태어난 아레스였습니다. 아레스도 투구를 쓰고 갑옷을 입고 무기로 완전 무장을 하고 다녔습니다. 그리고 가끔은 네 마리의 말이 끄는 전차를 타고 나타났습니다.

아레스는 어머니 헤라를 닮아 외모가 아름다웠지만 성미가 고약하고 하는 짓이 *난폭했습니다. 그래서 아테나와 달리 피를 부르는 폭력적인 전쟁을 좋아하고, 언제나 먼저 싸움이나 전쟁을 일으켰습니다.

"아! 심심한데 저기 지나가는 사람들한테 *시비나 한번 걸어 볼까?"

이처럼 아레스는 별다른 이유도 없이 그저 싸우고 싶어 다툼을 일으키곤 했습니다.

"제우스 님, 제발 아레스 좀 말려 주세요."

"아레스가 나타나는 곳마다 싸움이 벌어지니 모두 아레스와 마주치지 않길 바란다니까요."

아레스가 이처럼 문제를 일으키고 다니자 제우스는 골치가 아팠습니다.

*난폭하다 행동이 몹시 거칠고 사납다.
*시비 옳고 그름을 따지는 말다툼.

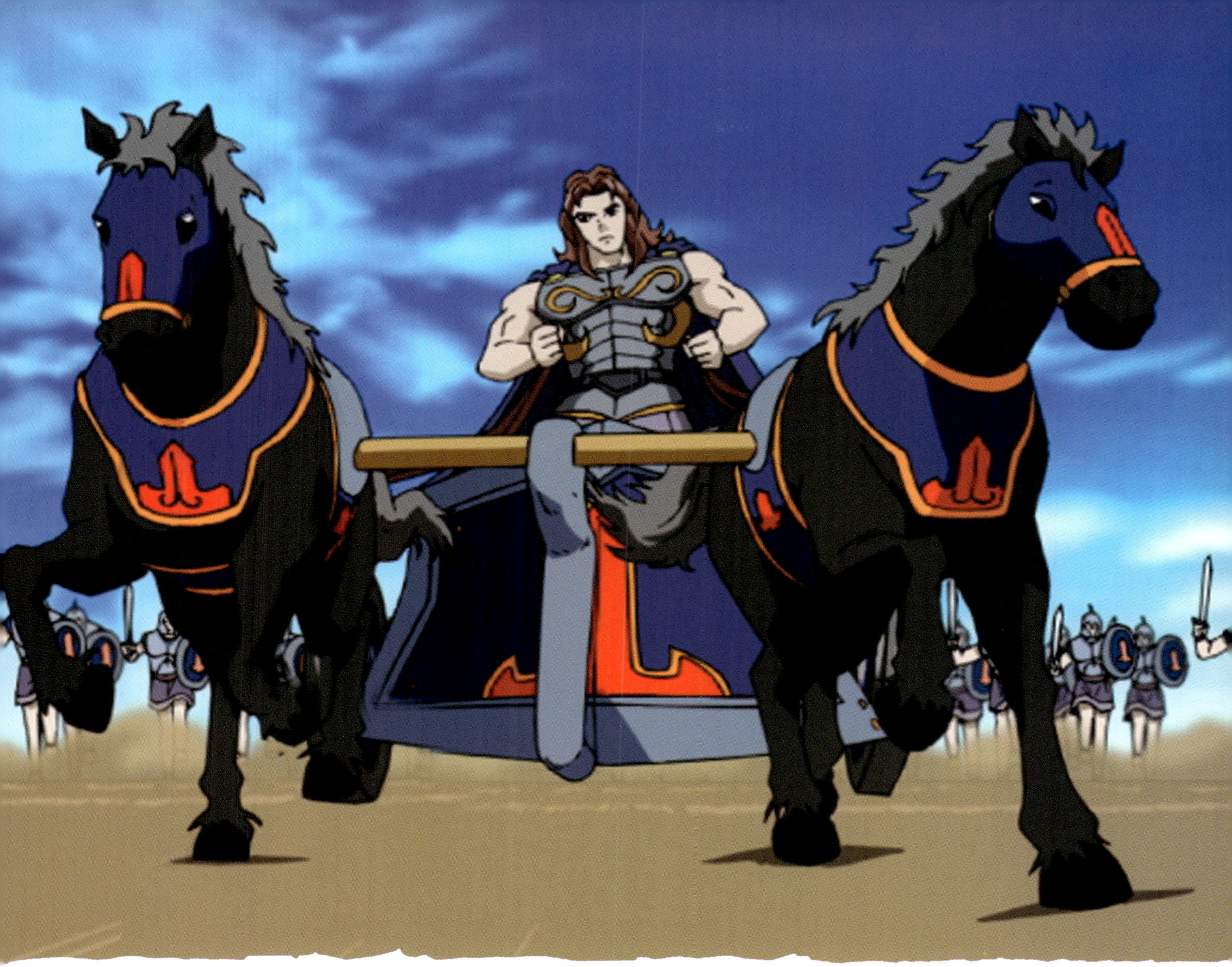

공포를 몰고 다니는 전쟁의 신 아레스

전쟁의 신 아레스는 비록 성미는 고약했지만, 헤라의 아들답게 외모가 뛰어났어요. 그는 미의 여신 아프로디테와의 사이에서 자식을 여럿 두었어요. 그들의 자식들은 공포의 신 '포보스', 걱정의 신 '데이모스', 사랑의 신 '에로스', 조화의 신 '하르모니아'예요. 아레스는 이들 중에서도 공포의 신 '포보스'와 걱정의 신 '데이모스'를 항상 데리고 다녔어요. 그래서 전쟁이 일어나면 언제나 공포와 걱정이 뒤따르지요.

제우스는 아레스를 어찌해야 할까 고민하다가 아테나를 불렀습니다.

"지혜로운 아테나야. 아레스를 어찌하면 좋겠느냐?"

"제우스 님, 너무 걱정하지 마세요. 제가 아레스를 만나 보겠습니다."

"그래, 넌 지혜의 신이니 아레스 일을 너에게 맡기마. 혹시라도 내 도움이 필요하다면 *주저하지 말고 말하거라."

아테나는 근심에 싸인 제우스를 안심시키고, 아레스를 혼내 줄

*주저하다 머뭇거리며 망설이다.

방법을 생각했습니다. 사실 아테나 역시 사납고 폭력적인 아레스를 한 번은 혼내 주어야겠다고 생각하고 있었습니다. 아레스가 크고 작은 다툼을 벌이는 것도 못마땅했지만, 그가 일으키는 전쟁을 막기 위해 쫓아다니는 것도 지겨웠기 때문입니다.

"난폭한 아레스를 지켜만 봐서는 안 되겠어. 나, 전쟁의 신 아테나의 힘을 보여 주지!"

그길로 아테나는 아레스를 찾아갔습니다.

“아레스, 당신이 폭력적인 전쟁을 일으키는 것을 더 이상 두고 보지만은 않겠어. 그러니 좋은 말로 할 때 멈추시지!”

“흥, 무슨 소리를 하는 거야? 나한테 소리를 지르면 내가 겁을 먹고 냉큼 꼬리를 내릴 줄 알았어? 웃기지도 않군. 난 절대로 멈추지 않아. 싸움이 얼마나 재미있는데!”

아레스가 콧방귀를 뀌며 대꾸했습니다. 아테나는 아레스에게 본때를 보여 줘야 한다는 것을 깨달았습니다.

아테나는 싸움이나 전쟁을 즐기지 않지만 결코 도전을 피하지 않았습니다.

더욱이 아테나는 전투나 전쟁에서 한 번도 패하지 않은 유능한 전쟁의 신이었습니다.

"더 이상 말이 통하지 않겠군. 어쩔 수 없다. 그럼 이제 내가 상대해 주지."

"좋아! 오늘은 전쟁의 신끼리 한판 벌여 보자고! 이거 아주 신 나겠는걸!"

“좋아, 아레스. 그럼 이렇게 겨루도록 하자. 하나, 둘, 셋 하면 각자 자기 쪽에 있는 바위를 들어 서로에게 던지는 거야.”

“그래도 되겠어? 그 바위는 아테나 너에게는 조금 무거워 보이는데?”

“싸움을 입으로 하나? 어서 시작하자고!”

“그래, 좋아!”

“하나, 둘, 셋!”

아레스와 아테나는 동시에 바위를 향해 달려들었습니다. 싸움과 전쟁으로 몸이 단련된 아레스는 재빨리 바위를 들어 올렸습니다. 그러나 그 순간 요란한 소리와 함께 바위가 날아왔습니다. 아테나가 아레스보다 더 빨랐던 것입니다.

“으윽, 이 바위 좀 치워 줘. 네가 이겼어, 아테나.”

바위에 깔린 아레스는 목을 잡고 고통스러워하며 소리쳤습니다. 그리고 바위에서 빠져나오게 되자 겨우 몸을 일으켜 아테나 앞에 무릎을 꿇었습니다.

아레스의 도전

〈아레스와 아테나의 싸움〉 자크 루이 다비드

아레스와 아테나의 싸움 장면이에요. 어둡고 음침한 공포가 느껴지는 전쟁터가 배경인데 주인공인 아테나와 아레스에게만 밝은 빛이 비치고 있어요. 전쟁과 피를 상징하는 붉은 망토를 입고 바닥에 쓰러져 있는 아레스와, 평화와 정의를 상징하는 푸른 망토를 두른 아테나가 대조적으로 보여요. 아테나를 향해 손을 뻗고 있는 아레스는 아테나를 올려다보며 패배를 인정하는 듯하고, 아테나는 당당하게 아레스를 내려다보고 있어요.

"아레스, 이건 *경고에 지나지 않아. 앞으로도 그렇게 싸움과 전쟁을 일삼는다면 더 큰 고통을 안겨 줄 테니 그런 줄 알아."

아테나는 아레스를 차갑게 꾸짖으며 사라졌습니다. 이 일이 있은 후 한동안 아레스는 *잠잠한 듯 보였습니다. 하지만 못된 버릇을 고치지 못하고 이후로도 아테나와 몇 번이나 부딪쳤습니다. 하지만 번번이 아테나에게 상처를 입고 패했답니다.

아테나는 난폭한 전쟁의 신 아레스를 이긴 유일한 신이 되었습니다. 그 후로 아레스는 아테나라는 이름만 들어도 벌벌 떨며 꽁지를 빼고 달아나게 되었답니다.

*경고 조심하거나 삼가도록 미리 주의를 줌. 또는 그 주의.
*잠잠하다 분위기나 활동 따위가 소란하지 않고 조용하다.

3
아테나이의 수호신

"저희는 아테나 여신님의 은혜에 조금이나마 보답하고자
이 마을의 이름을 아테나 여신님의 이름을 따
'아테나이'라고 부르고 싶습니다."

어느 날, 지혜의 여신 아테나가 평소 자신이 좋아하는 마을을 내려다보고 있을 때였습니다.

"아, 정말 아름다운 곳이야. 저 마을이 내 마을이라면 더욱 아름답고 살기 좋게 가꿀 텐데……."

그때 갑자기 포세이돈이 나타나 아테나의 말에 *찬물을 끼얹었습니다.

*찬물을 끼얹다 잘되어 가는 일에 뛰어들어 분위기를 흐리거나 공연히 트집을 잡아 훼방을 놓다.

"그 마을은 네가 절대로 가질 수 없다."

"포세이돈 삼촌, 그게 무슨 말이죠?"

"그 마을은 이미 내가 오래전에 점찍어 두었거든. 그러니 절대로 네가 가질 수 없다는 말이지."

"뭐라고요? 전 그런 말은 처음 듣는걸요. 저 마을은 딱 저에게 어울리는 마을이에요."

"이런, 영 말이 안 통하는군. 그렇다면 힘으로 할 수밖에 없지. 우리 둘 중에서 누가 저 마을을 가질 자격이 있는지 힘으로 겨뤄 보자!"

곧 전쟁의 신 아테나와 바다의 신 포세이돈 사이에 큰 싸움이 벌어졌습니다. 올림포스 산과 산 아래 마을에 시끄럽게 천둥 번개가 치고 거센 바람이 불면서 큰 소란이 났습니다. 제우스는 깜짝 놀라 포세이돈과 아테나에게 달려갔습니다.

"아니, 대체 지금 무슨 일들을 하는 것이오! 정녕 올림포스 신전을 부술 참이오?"

"아테나가 감히 내가 먼저 점찍어 둔 마을을 갖겠다고 덤비지 뭡니까?"

"무슨 말씀이세요! 포세이돈 삼촌, 저 마을은 아직 그 어떤

*수호신도 없다고요! 자신의 것인 것처럼 말하지 마세요!"

"힘으로 싸우는 짓은 당장 그만두시오. 신들의 의견을 물어 결정하도록 합시다."

제우스는 자신이 사랑하는 딸 아테나에게 그 마을을 주고 싶었지만, 포세이돈의 불 같은 성격을 잘 알기에 다른 신들의 의견을 듣고 공정하게 결정하기로 했습니다.

*수호신 국가, 민족, 개인 등을 지키고 보호해 주는 신.

제우스의 부름을 받고 모든 신들이 올림포스 산 꼭대기에 모였습니다.

"자, 모두 모였으니 누가 그 아름다운 마을을 다스릴 신으로 적합한지 의견을 말해 보세요."

아프로디테가 자신의 아름다움을 뽐내며 우아하게 먼저 말했습니다.

"무엇보다 중요한 것은 누가 더 그 마을 사람들을 행복하게 해 줄 수 있느냐 하는 것이죠. 그러니 두 신에게 마을 사람들을 기쁘게 할 선물을 한 가지씩 생각해 오라고 하면 어떨까요?"

제우스는 아프로디테의 말에 고개를 끄덕였습니다.

"좋은 생각인 것 같군. 그럼 포세이돈과 아테나는 각자 마을 사람들에게 어떤 선물을 줄 것인지 생각해서 발표하시오. 우리는 그것을 듣고 판단하겠소."

잠시 뒤 포세이돈과 아테나는 다시 신들 앞에 섰습니다.

"무엇을 준비했는지 포세이돈부터 말해 보시오."

"저는 말을 준비했습니다. 제가 가장 아끼는 말이지요. 제가 이 말을 타고 바다를 가로지를 때마다 사람들이 저를 부러운 눈빛으로 바라보더군요. 그러니 제가 이 말을 마을 사람들에게 주면 얼마나 좋아하겠습니까?

이 잘생기고 힘센 말을 보세요. 마을 사람들은 이 말로 무거운 마차를 끌 수도 있고, 전쟁에서도 사용할 수 있을 것입니다. 물론 이 말을 마을에 두고 바라보기만 해도 그저 좋겠지요."

포세이돈이 자신의 말을 자랑스럽게 쓰다듬으며 말했습니다.

"아, 정말 멋진 말이군!"

신들도 포세이돈의 아름다운 말에 넋을 잃었습니다.

아테나와 포세이돈의 대결

〈아테나와 포세이돈〉 제임스 손힐

아테나와 포세이돈의 대결을 그린 그림이에요. 투구를 쓰고 방패를 든 아테나와 말을 이끌고 삼지창을 든 포세이돈의 모습이 보이네요. 아테나는 땅 위에 서서 붉은 천을 두르고 있으며, 포세이돈은 물 위에서 파란 천을 두르고 있어요. 반대되는 이미지와 색을 통해 두 신이 서로 팽팽하게 맞선 모습을 잘 드러내는 것 같아요.

포세이돈이 힘센 말을 타고 뽐내고 있을 때였습니다. 옆에 있던 아테나가 신들 앞으로 성큼 나섰습니다.

"말이라면 마을에도 있는데 굳이 포세이돈의 말을 탈 필요가 있을까요? 저는 이 올리브를 준비했습니다. 그 마을은 여름에는 기온이 높고 비가 많이 오지 않아서 식물이 잘 자라지 않아요. 그렇지만 올리브는 물을 많이 먹지 않으면서도 열매를 주렁주렁 맺지요. 올리브 열매로 만든 기름은 밤이면 세상을 환하게 밝혀 주고, 상처를 낫게 해 주며, 몸에 좋은 귀한 음식이 되기도 한답니다."

"아, 그렇군. 올리브는 열매를 따 먹을 수 있고 기름도 만들 수 있으니 사람들에게 큰 도움이 되겠는걸."

아테나의 선물 올리브

올리브는 아테나가 인간에게 베푼 '신의 선물'이에요. 올리브 열매는 그냥 먹을 수도 있고 기름으로 만들어서 사용하기도 해요. 특히 올리브기름은 음식을 만들 때 사용하고, 피부나 머릿결을 부드럽게 만들 뿐 아니라 약이나 연료로도 사용하지요. 그래서 올리브 열매는 많은 사람에게 사랑을 받아요. 올리브는 지중해 연안이나 유럽 등지에서 생산되는데, 그중에서도 그리스에서 나는 올리브를 최고로 친답니다. 고대 그리스에서는 한때 올리브를 함부로 베지 못하게 하는 법을 만들었을 정도로 올리브를 소중하게 여겼지요.

신들은 포세이돈과 아테나의 이야기를 모두 듣고 나서 누구의 선물이 사람들에게 도움이 될지 생각했습니다. 그리고 제우스를 제외한 모든 신들이 한 표씩 투표를 했습니다.

"자, 이제 결과가 나온 것 같군. 마을을 다스리게 될 수호신은 바로 아테나요."

신들은 아테나의 손을 들어 주었습니다. 신들이 생각하기에도 말보다는 올리브가 인간에게 더 좋은 선물이 될 것 같았기 때문입니다.

"믿을 수 없어. 저깟 나무가 사람들에게 무슨 도움이 되겠어?"

포세이돈은 못마땅했지만 신들의 투표로 결정한 일은 뒤집을 수 없다는 것을 잘 알기에 순순히 받아들였습니다. 이로써 아테나는 그 마을을 다스리는 수호신이 되었습니다.

사람들은 아테나가 마을의 수호신이 되었다는 이야기를 듣고 매우 기뻤습니다.

"아테나 여신님이 우리 마을의 수호신이 되었대!"

"지혜롭고 평화로운 아테나 여신님이 우리 수호신이라면 더욱 살기 좋아질 거야."

마을 사람들이 기뻐하자 아테나도 몹시 *흡족했습니다.

"모두 나를 이렇게 반겨 주니 참으로 기쁘군요. 내가 여러분을 위해 작은 선물을 준비했습니다. 아무쪼록 마음에 들었으면 좋겠군요."

***흡족하다** 조금도 모자람이 없을 정도로 넉넉하여 만족하다.

아테나는 마을 곳곳에 올리브 씨앗을 뿌렸습니다.

"올리브야, 이 마을에 뿌리를 내려 사람들의 삶을 *윤택하게 해 다오!"

씨앗은 곧 사방으로 퍼져 마을 곳곳에서 자라났습니다. 이렇게 해서 올리브는 마을의 상징이 되었고, 다른 마을의 사람들도 이 마을을 부러워했습니다.

*윤택하다 살림이 풍부하다.

“아테나 여신님께서 주신 올리브 덕분에 저희는 건강하고 부유해졌습니다. 그 은혜에 조금이나마 보답하고자 이 마을의 이름을 아테나 여신님의 이름을 따 ‘아테나이’라고 부르고 싶습니다. 여신님의 뜻은 어떤지요?”

“아, 정말인가요? 저는 당연히 좋습니다. 저에게 이런 큰 선물을 주시니 기쁘기 *그지없군요.”

그렇게 해서 마을의 이름은 아테나이가 되었답니다. 아테나이 사람들은 아테나의 보살핌을 받아 안정되고 행복한 삶을 살 수 있었습니다.

그 덕분에 문화와 예술에서도 눈부신 발전을 이루었습니다. 아테나이는 오늘날 그리스의 수도 아테네의 옛 이름이랍니다.

*그지없다 이루 다 말할 수 없다.

4
기술을 전파하는 아테나

"아테나 여신님은 어떻게 못 하는 것이 하나도 없을까?
아테나 여신님의 손재주를 따를 자는 아무도 없을 거야!"
아테나이 사람들은 아테나가 알려 준 기술 덕분에
더욱 풍족하고 편안하게 살 수 있었습니다.

프로메테우스가 흙으로 인간을 빚었을 때, 생명이 없던 인간에게 숨을 불어 넣어 준 이가 바로 아테나입니다. 처음부터 아테나는 인간을 아끼고, 인간에게 도움을 주는 신이었지요.

인간을 아끼고 사랑한 아테나는 늘 어떻게 하면 인간에게 도움을 줄 수 있을까 고민을 했습니다. 특히 아테나이의 수호신이 된 뒤로는 사람들이 더욱 편하고 행복하게 살도록 자신의 지혜와 능력을 발휘했습니다.

아테나는 손재주와 기술이 뛰어나 장식이 필요한 공예와 실용적인 기술의 신이기도 했습니다. 남자들에게는 농업이나 원예 같은 기술과 배를 만들고 *항해하는 기술까지도 알려 주었습니다. 자연스럽게 아테나이 사람들은 더 먼 곳으로 배를 타고 나가 아테나의 지혜와 정의를 세상에 널리 알렸습니다.

*항해하다 배를 타고 바다 위를 다니다.

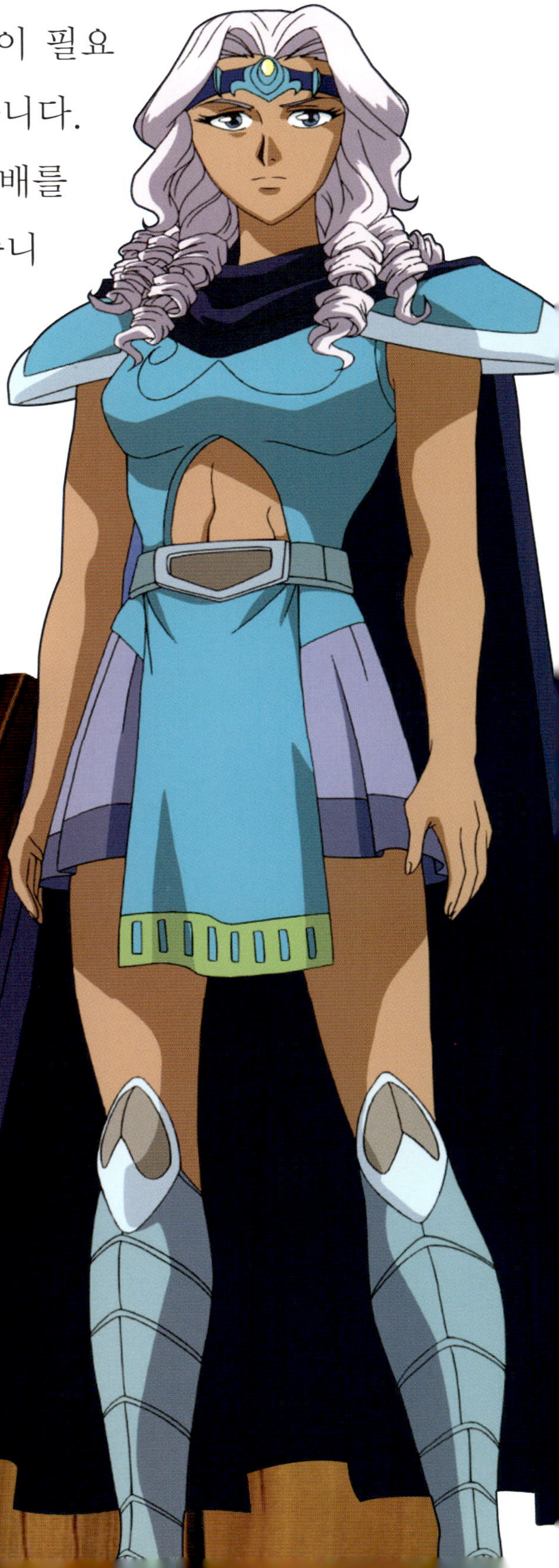

“자, 여기 새로운 선물을 가져왔습니다. 한번 보시지요.”

아테나는 사람들 앞에 처음 보는 물건을 내놓았습니다. 사람들의 눈이 모두 휘둥그레졌지요.

“아테나 여신님, 대체 이것이 무엇에 쓰는 물건인가요?”

“이것은 베틀이라고 합니다. 여러분이 옷감을 손으로 힘들게 짜는 것을 보고 더 빠르고 쉽게 옷감을 짤 수 있도록 제가 만든 것입니다.”

아테나 주위에 몰려든 사람들은 그 물건을 어떻게 사용하는 것일까 궁금해 했습니다. 아테나가 베틀 앞에 서서 직접 시범을 보이면서 말했습니다.

"자, 이렇게 하면 옷감이 만들어진답니다. 앞으로 이 베틀을 이용하면 더 많은 옷감을 손쉽게 만들 수 있을 거예요."

아테나는 베틀을 움직여 금세 아름다운 천을 만들어 냈습니다. 그러자 여기저기서 아테나 여신을 칭송하는 말들이 터져 나왔습니다.

"역시 아테나 여신님은 대단해."

"아테나 여신님이 최고야!"

아테나는 헤라의 결혼 드레스를 손수 만들어 줄 만큼 옷감을 잘 짜고 바느질하는 솜씨가 좋았습니다. 그리고 그 기술을 인간 세상의 여자들에게도 알려 주었습니다. 실을 뽑는 방법에서부터 옷감을 짜고 바느질을 하는 것까지 일일이 정성껏 가르쳐 주었습니다.

이뿐만 아니라 아테나는 사람들을 모아 요리를 가르치고 새로운 조리 기구들을 만

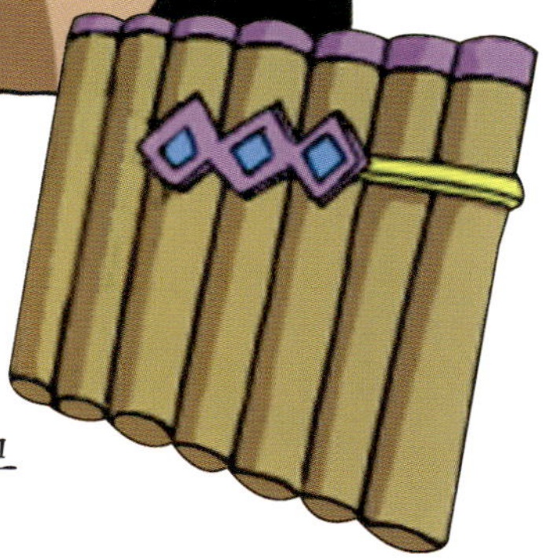

들어 선물하기도 했습니다.

"아테나 여신님은 어떻게 못 하는 것이 하나도 없을까? 아테나 여신님의 손재주를 따를 자는 아무도 없을 거야!"

아테나이 사람들은 아테나가 알려 준 기술 덕분에 더욱 풍족하고 편안하게 살 수 있었습니다. 아테나는 거기서 그치지 않고 사람들의 생활에 도움이 될 만한 것들을 계속해서 만들었습니다.

아테나는 사람들에게 실용적인 기술만 가르친 것은 아니었습니다. 사람들이 정신적으로도 더욱 즐겁게 살 수 있도록 플루트와 트럼펫 같은 악기도 선물했습니다.

"아름다운 음악이 있다면 인생도 더욱 아름다워질 거예요."

"악기까지 만드시다니, 정말 못하는 게 없는 분이야."

"음악 소리를 들으니 내 마음이 춤을 추는 것만 같아. 이 기쁜 마음을

글로 적어 둬야지."

아테나이는 사람들의 웃음소리와 아름다운 음악 소리가 끊이지 않는 마을이 되었습니다. 아테나이 사람들은 그들이 모시는 아테나 여신처럼 누구보다 평화를 사랑하고, 지혜를 소중히 여기며 아름답게 살아갔습니다.

"아테나 여신님, 이 감사한 마음을 어떻게 보답해야 할지 모르겠습니다."

"보답이라니요. 저는 그저 여러분이 이렇게 행복해 하는 모습을 보는 것 자체가 큰 기쁨이랍니다. 부디 여기 아테나이에서 오래도록 행복하고 즐겁게 살아 주세요."

"역시 우리 아테나 여신님이 최고야!"

아테나이 사람들은 지혜로우며 재주와 능력이 많은 아테나를 존경하고 사랑했습니다. 아테나이 사람들이 아테나를 다른 신보다 더욱 존경하고 사랑한 것은 아테나가 인간을 아끼고 사랑하는 신이었기 때문입니다.

아테나 여신의 신전

〈파르테논 신전〉

파르테논 신전은 아테나 여신을 모시는 신전이에요. '파르테논'이라는 말은 연애나 결혼을 하지 않은 '처녀 아테나'를 뜻하는 '아테나 파르테노즈'라는 말에서 유래했지요. 고대 아테나이 사람들이 마을의 수호신인 아테나를 위해 세운 건축물이랍니다. 이 신전은 세계문화유산 제1호로, 오늘날에도 그리스의 수도 아테네에서 가장 중요한 건축물로 손꼽혀요. 제우스 신전보다 정교하고 아름다워서 많은 사람들이 찾는답니다. 파르테논 신전은 마치 아테나가 아테나이를 내려다보듯이 아크로폴리스 언덕 위에서 아테네 시가지를 내려다보고 있어요.

신화 뒷이야기 OLYMPUS GUARDIAN

아테나는 전쟁의 신으로서 한 번도 진 적이 없는 막강한 신입니다. 더구나 신들의 왕인 제우스의 사랑과 신뢰를 한 몸에 받으며 크게 위세를 떨친 여신이었습니다. 하지만 엄청난 힘과 권력을 지닌 것은 포세이돈도 마찬가지였습니다. 아테나와 포세이돈이 한 마을을 두고 싸우자, 다른 신들이 제시한 방법은 다름 아닌 인간에게 '선물'을 하라는 것이었습니다.

아테나와 포세이돈이 각자 선물을 들고 나왔을 때 신들은 두 사람의 이야기를 듣고 투표를 해서 다수결로 수호신을 정하기로 합니다. 그 결과 '올리브'를 선물한 아테나가 그 마을의 수호신이 됩니다.

올리브! 어찌 보면 작고 보잘것없는 선물처럼 보이기도 합니다. 하지만 올리브가 아테나이 사람들에게 가져다준 것은 바로 인간에게 가장 필요한 평화롭고 안정된 삶이었습니다. 아테나는 지혜의 여신이라는 이름에 걸맞게 인간에게 필요한 것이 무엇인지 정확히 알고 있었던 것입니다.

이 이야기는 아테나가 아테나이를 얻는 과정과 올리브가 지닌 상징적인 의미를 통해 국가 발전에 필요한 것이 무엇인지를 잘 보여 줍니다. 아테나는 비열한 계략이나 피를 흘리는 전쟁이 아닌 평화롭고 민주적인 방법으로 아테나이를 얻습니다. 또한 올리브는 평화와 화해를 상징하는 나무로, 영어에서는 화해를 청할 때 '올리브 가지를 꺼내다', '올리브 가지를 들다' 라는 표현을 사용합니다. 올리브를 평화와 화해에 빗댄 것이지요.

오늘날 그리스의 수도 아테네(옛 이름 아테나이)는 민주주의를 꽃 피운 요람으로 인정받고 있습니다. 민주주의가 지향하는 것은 바로 평화이지요. 아테나이 이야기는 국가에 필요한 것이 곧 평화이고, 평화를 기반으로 했을 때 정치나 문화, 예술이 발전할 수 있다는 것을 보여 줍니다.

올림포스 신들의 계보

크로노스 + 레아
하데스
지하 세계의 왕
포세이돈
바다의 신
제우스
신들의 왕
헤라
신들의 여왕,
제우스의 아내
헤스티아
난로·불의 여신
데메테르
대지의 여신
아테나
지혜 · 전쟁의 여신
제우스 + 메티스
아폴론
의술 · 음악의 신
제우스 + 레토
아르테미스
사냥 · 순결의 여신
아스클레피오스
의술의 신
아레스
전쟁의 신
제우스 + 헤라
헤파이스토스
대장간의 신
제우스 + 디오네
아프로디테
헤파이스토스의 아내,
미의 여신
에로스
사랑의 신
헤르메스
신들의 전령,
상업의 신
제우스 + 마이아
디오니소스
술의 신
제우스 + 세멜레
페르세포네
하데스의 아내
지하 세계의 여왕
제우스 + 데메테르

그리스 로마 신화 주요 인물의 이름

그리스 어	로마 어	영어
가이아	텔루스	
니케	빅토리아	나이키, 빅토리
데메테르	케레스	세레스
디오니소스	바쿠스	바커스
레아	키벨레	시벨레
아레스	마르스	마스
아르테미스	디아나	다이애나
아테나	아테네, 미네르바	
아폴론	아폴로	아폴로
아프로디테	베누스	비너스
에로스	쿠피드, 아모르	큐피드
오디세우스	울릭세스	율리시스
우라노스	카일루스	유러너스
제우스	유피테르	주피터
크로노스	사투르누스	새턴
페르세포네	프로세르피나	
포세이돈	넵투누스	넵튠
하데스	플루톤	플루토
헤라	유노	주노
헤라클레스	헤르쿨레스	허큘리스
헤르메스	메르쿠리우스	머큐리
헤스티아	베스타	
헤파이스토스	불카누스	벌컨

그리스 로마 신화 올림포스 가디언 8

전쟁과 지혜의 신, 아테나

펴낸이 양원석
펴낸곳 ㈜알에이치코리아
등록 2004년 1월 15일 제2-3726호
주소 서울특별시 금천구 가산디지털2로 53, 20층 (한라시그마밸리)
문의전화 02)6443-8800

ISBN 978-89-255-4440-3(74800)
ISBN 978-89-255-4354-3(세트)

값 8,700원

원작 만화로 보는 그리스 로마 신화(가나출판사)
이광진 엮음, 홍은영 그림
명화 구입처 유로크레온(주)